경남대표시인선
57

눈 맑은 길을 가듯

윤정란 단시조집

돌산 경남

윤정란

Yoon Jeongran

풀의 마음

미워하지 않겠다는 마음을 또 새기며
안 본 척 모르는 척 일어서는 풀이파리
낯선 낫 끌어안고서 햇살 적어 바른다

시인의 말

눈 없는 미로로부터

손잡아 이끌어 줄

햇빛 같은 시조를 꿈꾸며

2024년 가을
윤정란

차례

시인의 말　　　　　　　　　　5

제1부 우린 괜찮아

초승달　　　　　　　　　　12
봄바람　　　　　　　　　　13
모국어　　　　　　　　　　14
보릿고개　　　　　　　　　15
우린 괜찮아　　　　　　　　16
거울　　　　　　　　　　　17
낮달　　　　　　　　　　　18
미혹　　　　　　　　　　　19
제단　　　　　　　　　　　20
탑　　　　　　　　　　　　21
가뭄　　　　　　　　　　　22
걸레　　　　　　　　　　　23
가랑잎　　　　　　　　　　24
꽃무릇　　　　　　　　　　25
말　　　　　　　　　　　　26
갈대　　　　　　　　　　　27

봄 한때	28
징검돌	29
침묵	30
봄에는	31

제2부 눈 맑은 길을 가듯

눈 맑은 길을 가듯	34
소금	35
그믐달	36
시	37
대화	38
모정	39
무덤	40
길	41
시야 날아라	42
다행	43
침 발라 놓고	44
불통	45
풀	46
그럼에도	47

땀	48
헛것에 눈이 멀어	49
시조탑	50
풀꽃	51
이팝꽃	52
가을 벌판	53
봄은 가고	54

제3부 건방지다

건방지다	56
밥	57
골다공증	58
빈집	59
지렁이	60
길을 가다	61
풀 · 3	62
괜찮니	63
나무 지게	64
민들레	65
지금은 어떠세요	66

허튼 허기	67
야단법석	68
거짓말	69
산수유꽃	70
철거민	71
그림자	72
일출	73
미치다	74

제4부 풀의 마음

명품 놀이	76
그럴까	77
회초리	78
탁탁	79
양귀비	80
함박눈	81
바다	82
풀의 마음	83
할미꽃	84
반란	85

먼 사이	86
여론	87
향수	88
강강술래	89
이상한 놀이터	90
냄비	91
파치	92
살고 싶어요	93
용접	94
사랑	95
모르쇠	96

해설

농경적 상상력과 성스러운 자연 • 황치복   97

제 1 부

우린 괜찮아

초승달

아무도 열지 못한 자물쇠가 있어서

열쇠만 있으면 꽃이 활짝 필 텐데

뜨거운 눈빛 사이로 웃고 가는 초승달

봄바람

봄바람 울긋불긋 가락으로 감긴다

햇살 밴 새소리로 향기 나는 물소리로

가끔씩 내 안에 들어 꽃을 풀어 놓는다

모국어

옹골찬 매서움이
마디마다 맺혀 있어

낯선 바람 앞에
솔잎으로 찔리느니

꺾여도
되살아나는
자존의 푸른 언어

보릿고개

청보리 알을 품는 허리 아픈 오월이면

빈 쌀독 좀이 슬까 드나드는 바람도

황토재 굽은 고갯길 햇빛 지고 넘어가네

우린 괜찮아

벼랑 아래 비탈길
비탈 곁에 풀들이

뭘 할까 보는 사이
풀들도 손을 잡고

별빛은 지친 영혼을
다독다독 세우네

거 울

나를 다 지워야만 본래 나 본다 하네

닦고 또 닦아내도 고개 드는 얼룩이

화들짝 거울을 깨자 만발하는 햇살꽃

낮 달

눈으로 하는 말은 갈수록 담담하다

줄어든 몸피처럼 말갛게 웃는 얼굴

네 하늘 끌고 온 손에 나를 가만 올린다

미 혹

심안이 없어 눈에 비친 글자나 보고

눈 밝은 사람들의 혼 없는 말에 홀려

길 잃은 자연의 소리 새가 물고 놀더라

제 단

세상이 떠받드는 저 높은 제단도

돈 권력 팬덤 앞에 개처럼 엎드리다

초고속 정보에 묻혀 속수무책 무너지네

탑

땀으로 쌓은 탑이 층층 올린 그 탑이

비바람 된서리에 와르르 무너져도

꿈꾸는 별이 있어서 하늘 높이 올린다

가뭄

햇볕에 녹아들던 가슴팍이 터졌다

로드킬 핏물에 별자리도 뒤엉켜

적도의 심장을 뚫는 붉은 해의 저 살기

걸 레

걸레가 말을 하네 마루 끝에 앉아서

환하게 밝히느라 살과 피 다 닳도록

하늘 길 닦아 펼치는 밑바닥 말을 듣네

가랑잎

어떤 계시일까
무슨 답이었을까

무너진 구석자리
부서지는 햇빛에

가슴 쿵 울리고 가는
아찔한 저 춤사위

꽃무릇

꽃이다
그냥 확 풀지 못한
열꽃이다

길가에 혼자 앓다 불덩이가 된 몸

한생을 사루어 올린
그리움의 종소리다

말

누굴 또 벨지 모르는 말이 칼이네

나서서 나대지 말자 날마다 달랬어도

베이고 베어버리다 목을 꺾는 날선 말

갈 대

감사하며 살자는 약속을 또 하면서

부딪치고 부서져도 자리 지키는 갈대

강물에 발을 묻으며 물소리를 듣는다

봄 한때

녹이 슨 펜을 들고 온종일 바람 불어

웃자란 생각들을 허공에 던져 놓고

복사꽃 꽃잎 나르듯 햇빛 속에 눈먼다

징검돌

어둠살 씻어내는
푸른 별을 놓는다

정강이 감아 치는
물소리 잠재우고

하늘 땅 심장이 뛰는
너와 나를 놓는다

침 묵

벙어리 겨울이다 벽이 없는 벽이다

언어의 늪에 빠진 시어를 찾아내듯

오늘도 미늘을 던져 별을 낚는 중이다

봄에는

쑥꾹새 돌 던지는 빈 솥이 무겁다

파르르 햇살 떨면 먼 하늘 담아놓고

서투른 은유에 갇혀 바람처럼 헤맨다

제 2 부

눈 맑은 길을 가듯

눈 맑은 길을 가듯

속진을 확 벗기는 차 한 잔이 그립다

초록 별이 내려와 눈 맑은 길을 가듯

잊고 산 영혼의 세계 한겹 한겹 열어 줄

소 금

살과 피 다 말리고
뼈대만 곧게 세워

부패한 몸 안으로
일제히 파고든다

욕망을 태우는 불꽃
사랑이다
혼이다

그믐달

이 저승 경계 사이 쉼표를 찍어놓고

글썽글썽 돌아보는 어깨를 다독이네

얼굴은 지워버리고 입술뿐인 어머니

시

잡초를 뽑은 뒤에 나는 다시 별을 본다

울음소리 듣다가 비로소 만난 문장

마음이 통하는 노래가 풀어내는 향기다

대 화

나만 옳다고 우기다가 피를 본다

네 말에 끄덕이며 눈과 귀 열었다면

하늘도 밝아질 것을 세상 달라질 것을

모 정

어머니 호미 들고 비탈밭에 넘어져도

천둥벌거숭이 내가 하늘 훨훨 날도록

새하얀 머리올 엮어 날개옷을 만든다

무 덤

바람도 꽃물 드는
아득한 능선 타고

설레는 무덤 한 채
나비처럼 앉아서

내 유년
비단 햇살을
온 산에 흩고 있다

길

마음에 길이 있다 세상 어느 곳이나

살아야 갈 수 있고 눈 떠야 알 수 있는

수만 길 하나가 되는 마음 안에 길 있다

시야 날아라

시가 밥이 되더나 꽃이고 별이더나

웃는 게 꿈이라도 울음 울 일 많은데

이슬만 먹고 살라니 나비처럼 날아라

다 행

믿었다 믿다가 속은 것이 다행이다

의심하기 싫어서 손잡고 싶어서

속으며 믿어주는 걸 이미 너는 알았지

침 발라 놓고

종심이 되었는데 밀려난 중심에서

사는 게 불쑥불쑥 욕지기 올라올 때

입술에 침을 바른다 녹슨 펜을 닦는다

불 통

가는 너 가게 두고 남는 나 너 보듯이

소통이 안 되는데 다툰다고 다를 거냐

피맺힌 길이 되자고 바람 손을 잡으랴

풀

날마다 짓밟히며 용케도 살았구나

하늘을 날고 싶은 초록 언어 건네며

별밭에 씨를 뿌리는 그리움의 먼 이름

그럼에도

선택받지 못했다고 주눅 들지 말아요

특별한 게 없어서 눈에 띄지 않을 뿐

무의식 뮤즈 깨우는 파랑새가 있어요

땀

머리를 갉아먹는 생각을 베고 싶다

부처가 아닌 나는 해탈도 못 하지만

잡초와 맞짱을 뜨며 땀으로 맑아진다

헛것에 눈이 멀어

길을 가다 가끔씩 발을 헛디뎠다

밝을 때나 어두울 때 느닷없이 넘어졌다

자신을 돌아보지 않고 헛것에 눈이 멀어

시조탑

이번 생은 호미로
시조탑 세워야지

비좁고 남루해도
맑은 혼이 깃들어

조금만 문을 열어도
세상 환히 웃는 꽃

풀 꽃

저마다 잘났다 잘났다고 뽐낼 때

변두리 어둔 곳의 낮은 소리 모아서

영혼의 불을 밝혀 줄 하늘 뜻을 전한다

이팝꽃

무쇠솥 뜸 들이며
햇빛처럼 웃어요

눈동냥
귀동냥으로
소복소복 담아놓고

올해도
보릿고개를
두루 살펴 넘는 봄

가을 벌판

한결같이 머리 숙인 하늘의 식솔들이

꼭꼭 여민 해와 별을 와르르 쏟아놓고

편집된 필름 태우다 배가 터진 논바닥

봄은 가고

그때 꽃이었다면 바람 탓을 했을까

칼이 벤 맨살에다 소금꽃을 피우면

꺾어진 뿌리의 하늘 떠난 봄이 오려나

제
3
부

건방지다

건방지다

갑자기 꽃이 핀다
메마른 가지 사이

동지 지난 해거름
빨갛게 대책 없다

미친년
발가벗겨서
삼킬거나 세월을

밥

밥은 밥이 모국어라 나서지 않는다

식어버린 밥들이 오늘을 끌어안고

녹이 슨 솥을 닦으며 허기진 날 먹는다

골다공증

할 일이 넘쳐나는 저 흙도 아프겠다

놀고 먹음 죄 될까 무조건 품더니만

밟히고 터진 가슴이 벌집처럼 비었다

빈 집

가든지 오든지 내사마 모르겠다

모란이 환한 마당 찾는 이 하나 없이

요양원 훌쩍 넘어온 오월이 눈물짓네

지렁이

날마다 밟혔다고 원망하지 않아요

돌덩이 밀어내는 풀들도 있어요

살아서 행복하다고 땅을 파며 웃어요

길을 가다

길이 무너졌다
무슨 일이 있었나

내가 길을 만들까
돌아서 가볼까

길에게 물어보았다
새가 날며 웃는다

풀 · 3

가자
저 벼랑 건너
하늘에 닿을 때까지

쉼 없이 깨우치며
걸어가는 길마다

짓밟힌 목숨을 포개
꿈을 엮는
손 있다

괜찮니

괜찮니 괜찮겠니
내장까지 쏟았는데

허리가 잘린 산을
더 이상 믿을 수 없어

떠도는 보금자리가
난민촌의 눈 같다

나무 지게

진달래꽃 꽂아 온
나무 지게 하나

버림받고
잊혀진
헛간에서 말을 잃고

거미줄
먼지 속에서
삭아가네

아버지

민들레

그땐 모두가 부러워한 줄 몰랐네

새끼 올망졸망
마른 젖 물려놓고

모퉁이
등불을 들고
길이 되는 어머니

지금은 어떠세요

불볕에 등이 타는
산비탈 어름에서

길 잃은 수달이
어디론가 가고 있다

내 눈이 의심스러워
하늘을 다시 본다

허튼 허기

길 위든 길 밖이든 눈 감으면 벼랑이다

멍이 든 햇살 물고 쪼개진 별빛 모아

뱁새가 비틀거리며 황새 쫓기 바쁘다

야단법석

말하고 말을 해도 수만 입이 모자란데

듣고 또 들어 줄 귀도 하나 없으니

세상이 끓어넘치는 안갯속의 물보라

거짓말

그만 삼켜야 하는 눈물이 있었나 봐

콩이야 팥이야 가슴에다 심었는데

혀끝에 구멍을 내는 나에게 또 속았다

산수유꽃

노랗게 미치거나
노랗게 덧나거나

불꽃을 터트리는
폭죽 소리
웃음소리

발 시린 혼령이 모여
하늘 땅을 밝힌다

철거민

산나리가 불쑥 붉은 혀를 뱉었다

북받쳐 터진 말은 바람에 흩어지고

하늘을 잡아당기자 절벽이 또 생겼다

그림자

아직은 살아 있어 할 일이 남았구나

이슬 먹고 별빛 먹고 길 가는 사람 있어

못 지운 마음 그림자 바라보니 하얗다

일 출

접었다 폈다 하는 변덕스런 날씨에도

난바다 재워놓고 엄지척 추켜세운

저 정도 배짱이라야 하늘 땅을 켜겠네

미치다

별들이 사라지든 꽃들이 미쳐가든

여의도에 해 뜨고 광화문에 바람 불어

늘어진 무료급식소 퇴출당한 백수들

제 4 부

풀의 마음

명품 놀이

명품백 명품구두 그게 다 뭣이라고

굽실굽실 받드는 아첨꾼들 내숭 사이

뻔뻔한 호가호위로 어깨 펴는 인간들

그럴까

공짜가 없다는 걸 뒤늦게 깨닫다니

세상은 공평해서 땀 흘리며 살자는데

그럴까 금수저들의 저 새빨간 속삭임

회초리

스스로 부끄러운 건
부족한 날 본다는 것

허튼 짓 허튼 말로
하루가 아픈 밤에

그 누가 회초리 들고
나를 걱정할까요

탁 탁

꽃숲에 드는 날은
허물마저 벗어놓고

털거나 털리거나
꽃 하나
가슴 하나

화창한 어느 봄날에
두 손 탁탁 터는 바람

양귀비

몰래 탐하지 마
독 묻은 환상일 뿐

네 혼을 빼먹는
마성에 걸려들면

지독한 사랑에 빠져
한 치 앞도 못 볼 걸

함박눈

일자 무식해도
단순 명쾌하다

한맘으로 내려와
온갖 허물 덮어주는

한겨울 외골수 사랑
난 몰라

대자대비

바다

몰랐구나
네 속이 시커멓게 썩는 줄

쓰레기 다 받아서
무덤이 되었는데

생명을 품어 올리는
사랑을 몰랐구나

풀의 마음

미워하지 않겠다는 마음을 또 새기며

안 본 척 모르는 척 일어서는 풀이파리

날 선 낫 끌어안고서 햇살 찍어 바른다

할미꽃

등골 뼛골 다 줘도 부족한 어미였나

날마다 넘어져도 구불텅 일어나서

요양원 담장 밖으로 날아가는 눈먼 새

반 란

세상 사람 모두가 일등만 해야 할까

꼴찌며 중간 있어 빛나는 이름인데

입 맞춘 무한경쟁이 누굴 위한 공정인가

먼 사이

언제 우리 만나서 밥 한번 먹자더니

매일 보고 또 봐도 시간이 없다네요

당신은 어떻습니까 당의정이 길들인

여론

거울을 깨트리자 하늘이 쪼개졌다

촛불도 태극기도 회오리에 휘말려

안개가 계속 쌓이고 붉은 입만 커진다

향 수

오래된 아이 되어 고향을 떠올리면

햇살이 손을 뻗어 몽당연필 쥐어준다

산과 들 가슴을 열고 보내주는 보름달

강강술래

무심코 밟은 풀이 발목을 낚아챈다

하늘 땅 다 품어도 천형을 풀지 못해

달무리 빙빙 돌리는 마음 노래 부른다

이상한 놀이터

아파트 놀이터에 개하고 노는 남자

강아지 안고 빨며 소근대는 여자 사이

텅 빈 눈 껌벅거리는 모래알만 뒹군다

냄 비

그을음을 닦는데
그 울음이 들린다

더께 낀 삶의 무늬
속말 속살 사르고

젖가슴 쭈글거리는
늙은 어미 보인다

파 치

파치를 버려놓고 아프게 돌아본다

가끔은 바보같이 내 꾀에 내가 속아

파치가 되는 줄 몰라

버려지는 줄도 몰라

살고 싶어요

감자를 캐는데 개미가 쏟아졌다

분노한 철거민들 광장에 몰려들 듯

집 잃은 작은 목숨이 떼 지어 달려든다

용 접

어쩌다 쪼개졌나
말을 잃은 너와 나

틈서리 메우려면
끓는 쇳물도 건너야

죽어서 다시 만나지
타오르는 두 영혼

사랑

늘 내 목숨의 든든한 동아줄이다

버리면 휘감기고 잡으면 흔적 없이

풀리다 칭칭 감기는 환장할 햇살 같은 것

모르쇠

쇠란 쇠는 다 모아 하늘 종을 만들자니

돌쇠며 마당쇠 구두쇠에 자물쇠뿐

번갯불 천둥소리도 모르쇠가 판을 엎네

해설

농경적 상상력과 성스러운 자연
―윤정란 단시조 미학의 세계

황치복 문학평론가

1. 자연, 그 성스러운 상징의 숲

　윤정란 시인은 1983년 《시조문학》을 통해 등단했으니까 어느덧 시조를 쓴 지가 40여 년이 넘었다. 그동안 시인은 첫 시집 《푸른 별로 눈 뜬다면》(토방, 1999)을 비롯하여 5권의 시조집과 1권의 시조선집을 발간한 바 있다. 이번 단시조집은 시인의 7번째 시조집인 셈인데, 40여 년의 시력이 증명하듯이 숙성된 시조의 함축미와 절제의 시 형식이 시인의 시적 성숙을 말해주고 있다.
　주지하듯이 단형시조, 혹은 단시조란 단수의 시조 형식으로서 연시조나 사설시조에 비해 군더더기 없는 절제된 시 형식을 보여주고 있다. 3장과 6구, 45자 내외의 압축된 시형식에 우주의 만상과 인생의 희로애락을 담기 위해 단시조는 말하지 않는 시 형식, 혹은 묵언의 시 형식을 지향한다. 침묵과 여운의 시적 공간을 최대한 넓히면서 겨우 자리 잡은 한 음보와 한 구의 시적 장치들이 지진의 진앙지처럼 떨고 있는 형식, 혹은 잔잔한 호숫가에 떨어진 돌멩이 하나가 무수한 파동을 일으키듯이 그렇게 응집된 표현이 무수한 파장을 일으키며 퍼져나가는 것이 단시조의 묘미라고 할 수 있다. 그래서 시조에 달관하지 않고서는 의미 있는 단시조를 창작하는 것이 쉬운 일은 아니다.

앞으로 읽어보겠지만, 윤정란 시인의 단시조들은 오랫동안 독자들의 시선을 잡아두는 매력을 발산하고 있는데, 그것은 윤정란 시인의 단시조들이 두고두고 음미할 만한 압축과 응축의 표현들로 구축되어 있기 때문이다. 생략과 비약, 함축과 절제의 시적 표현과 형식을 통해서 시인은 시조라는 시적 공간을 한없이 넓히고 있으며, 그처럼 넓은 시적 공간에서 독자들이 마음껏 상상의 날개를 펼치도록 유도하고 있다. 진부한 비유이기는 하지만, 작은 새 한 마리가 날아간 뒤에 그것이 앉았던 작은 가지의 떨림이 지속되듯이 시인의 단시조들은 오랫동안 그 여운으로 인해서 독자들의 심성을 자극한다.

  시인의 주된 시적 관심사는 자연이라고 할 수 있다. 시인은 한 자전적 시론에서 "여러 농작물과 눈 맞추고 알아가면서 시조에 농사를 접목시켜 새롭고 창의적인 시조가 태어나기 기다린다."고 고백하고 있듯이, 시인은 자연 한가운데서 그것들과 관계를 맺고 호흡하면서 새로운 시조의 가능성을 타진한다. 범박하게 말해서 농경적 상상력에 의지하고 있다고 볼 수 있는 윤정란 시인은 '오래된 미래'로서의 자연이 지닌 생명력과 그것의 의미를 관조하면서 21세기의 새로운 시조의 가능성을 발견하려고 하는 것이다. 자연과 함께 사회적 현실이라든가 부모라는 가족이 지닌 의미 등이 시인의 시적 관심사라고 할 수 있는데, 이러한 시적 관심사를 종합하여 새로운 시조의 가치와 의미를 추구하는 것이 시인의 시적 전개 과정이라고 할 만하다. 먼저 자연에 대한 시인의 관찰과 사유부터 읽어보자.

  심안이 없어 눈에 비친 글자나 보고

  눈 밝은 사람들의 혼 없는 말에 홀려

길 잃은 자연의 소리 새가 물고 놀더라

—⟨미혹⟩ 전문

어떤 계시일까
무슨 답이었을까

무너진 구석자리
부서지는 햇빛에

가슴 쿵 울리고 가는
아찔한 저 춤사위

—⟨가랑잎⟩ 전문

⟨미혹⟩과 ⟨가랑잎⟩ 모두 자연의 섭리와 신비를 그리고 있다. 우리 고유의 성리학적 전통에서 바라보는 자연의 상처럼 이 시편들은 모두 자연이 있는 그대로의 자연에 그치는 것이 아니라 우주의 어떤 이치라든가 섭리 등을 담고 있는 상징물로 간주한다. 그것은 단순히 눈에 보이는 대상에 지나지 않는 사물이 아니라 인간이 걸어가야 할 도덕과 의미를 함축하고 있는 우화적 상관물이기도 한 셈이다. ⟨미혹⟩에서 "자연의 소리"는 "심

안"을 통해서 접근할 수 있으며, "혼"이 깃들어 있는 어떤 대상으로 상정된다. 그런데 시인은 심안도 없고, 판단력도 부족해서 자연의 소리가 전하는 메시지를 온전히 수용하지 못한다. 그러한 "자연의 소리"는 "새가 물고 놀"고 있다. 새가 물고 놀고 있는 자연의 소리란 인간의 탐욕과 거리가 있는 것으로서 어린아이의 천진무구한 마음과 닮아 있을 것이다. 그것은 어떤 이익이나 계산, 그리고 부질없는 욕심과 집착에서 벗어나 놀이에 집중하고 있는 모습을 보이기 때문이다.

〈가랑잎〉은 자연 현상에 대해 "어떤 계시일까/ 무슨 답이었을까"라고 하면서 직접적으로 자연이 우리 삶에 대한 어떤 계시이자 하나의 답안일 수 있음을 암시하고 있다. 시인이 어떤 계시이자 답안으로 상정하는 자연 현상이란 가을날 바싹 마른 나뭇잎이 떨어지며 추는 "아찔한 저 춤사위"이다. 그러니까 계절 순환의 원리에 따라서, 그리고 순리에 따라서 떨어지는 낙엽이 인간의 삶에 어떤 메시지를 던지고 있는 셈인데, 시인은 "가슴 쿵 울리고 가는"이라고 하면서 그 전언의 무게와 울림에 대해 강조한다. 물론 떨어지는 가랑잎이 전하는 계시나 답안은 순리에 따르는 것, 즉 순명順命의 이치일 것이다. 〈가랑잎〉이란 시 역시 자연은 단순한 사물이

아니라 어떤 섭리나 이치를 체현하고 있는 우화적 상관물이라는 것을 보여준다. 다음 작품들 역시 마찬가지다

아무도 열지 못한 자물쇠가 있어서

열쇠만 있으면 꽃이 활짝 필 텐데

뜨거운 눈빛 사이로 웃고 가는 초승달
—〈초승달〉 전문

감사하며 살자는 약속을 또 하면서

부딪치고 부서져도 자리 지키는 갈대

강물에 발을 묻으며 물소리를 듣는다
—〈갈대〉 전문

시인은 한 시편에서 자연에 대해서 "변두리 어둔 곳의 낮은 소리 모아서/ 영혼의 불을 밝혀 줄 하늘 뜻을 전한다"(〈풀꽃〉)라고 하면서 자연과 하늘의 뜻을 연결시킨 바 있다. 피조물로서의 자연이 신의 의지를 분유

하고 있는 것처럼 윤정란 시인에게 자연은 단순한 자연이 아니라 하늘의 뜻을 품고 있는 상징물인 것이다. 〈초승달〉에서 하늘에 떠 있는 '초승달'은 단순한 자연물이 아니라 우주의 이치를 품고 있는 자물쇠, 즉 자연의 숨겨진 신비를 밝혀줄 '열쇠'로서 작용하고 있다. 그런데 자연의 신비라는 것이 꽃의 개화라는 것을 생각해 보면, 초승달이 지니고 있는 열쇠로서의 기능은 즉 자연이 은폐하고 있는 생명력의 발현이라는 섭리를 폭로하는 것이라고 할 수 있다. 그러니까 초승달이라는 자연물은 앞서 언급한 '풀꽃'처럼 생명력이라는 자연의 신비를 은밀히 개진하는 상징물인 셈이다.

〈갈대〉라는 작품에서 '갈대'는 더욱 웅숭깊은 상징을 내포하고 있다. "감사하며 살자는 약속"을 하면서 "부딪치고 부서져도 자리 지키는 갈대"란 역시 운명에 순응하는 모습을 보여준다. 자신에게 다가오는 운명을 담담히 받아들이며, 삶을 긍정하고 옹호하는 모습이란 곧 프리드리히 니체가 말한 운명애運命愛, 곧 아모르 파티 amor fati라는 명제를 체현하고 있는 모습이다. "강물에 발을 묻으며 물소리를 듣는다"라는 이 절묘한 표현은 우주의 순환 원리와 세상 흘러가는 이치를 수용하면서 그 신비하고 오묘한 작용에 대해서 관조하는 모습을 보여준다. 이 시가 묘사하는 '갈대'는 시인의 이상적인 표상이기도 할 것인데, 이러한 갈대의 이미지 속에는 세상의 흐름에 연연해하지 않고 유유자적하면서도 그 오묘한 신비를 관조하는 성찰자의 내면에서 솟아오르는 은밀한 기쁨과 환희가 내포되어 있다. 농사를 지으며 자연에 밀착된 삶을 살아가고 있는 시인의 자연에 대한 성찰의 깊이를 가늠할 수 있거니와 자연이 시인에게 중요한 것은 그것이 사랑의 다른 모습이기도 하기 때문이다.

    일자 무식해도
    단순 명쾌하다

    한맘으로 내려와
    온갖 허물 덮어주는

    한겨울 외골수 사랑
    난 몰라

    대자대비

―〈함박눈〉 전문

몰랐구나
네 속이 시커멓게 썩는 줄

쓰레기 다 받아서
무덤이 되었는데

생명을 품어 올리는
사랑을 몰랐구나

―〈바다〉 전문

　겨울에 내리는 함박눈은 많은 사람들에게 정서적 울림을 주는 자연물이라고 할 수 있는데, 시인은 그것에서 "외골수 사랑"을 읽어내고 있다. 함박눈이 외골수 사랑을 표상하는 상징물이 될 수 있는 것은 "일자 무식해도 단순 명쾌"한 성질과 "한맘으로 내려와／ 온갖 허물 덮어주"기 때문이다. 함박눈이 가지고 있는 이런 성질을 한마디로 줄이면 공자가 《시경》에 대해서 평했던 "사무사思無邪"라는 용어를 가져올 수 있을 것이다. 아무런 이해관계와 득실을 따지지 않고 차별 없이 온 세상을 덮어주는 눈이 지닌 덕성이 바로 아무런 조건을 따지지 않고 사랑을 베푸는 '외골수 사랑'을 닮아 있는 것이다. 또한 사랑이 지닌 성품 중에서 중요한 것은 타자의 흠결과 허물에 대한 관용과 포용이라고 할 수 있는데, 시인이 보기에 함박눈은 그와 같은 덕성을 지닌 것으로 포착된다. 마지막으로 중요한 대목은 바로 시인이 보기에 함박눈은 "한맘으로 내"린다는 점이다. 함박눈이 '한맘으로 내린다'는 것은 곧 차별을 두지 않고 온 세상을 고루 덮어준다는 것이며, 변덕을 부리지 않고 시종일관 같은 마음을 지니고 있다는 것이다. 이러한 점에서 그것은 편협한 인간의 사랑을 초월한 사랑으로서 부처님의 "대자대비", 즉 중생의 고통을 자신의 것으로 여기며 연민과 동정을 베푸는 무한한 사랑의 모습이라고 할 만하다.

〈바다〉라는 작품에서 시인은 '바다'에 대해서 좀 더 직설적으로 "생명을 품어 올리는/ 사랑을 몰랐구나"라고 하면서 바다라는 자연이 생명력과 사랑을 표상하고 있음을 강조한다. '함박눈'과 마찬가지로 '바다' 또한 시인은 성스러운 사랑을 체현하고 있는 대상으로 파악하고 있는데, 바다가 그러한 사랑의 표상일 수 있는 것은 당연히 그것이 성자聖者의 면모를 지니고 있기 때문이다. 바다가 성자인 이유는 "네 속이 시커멓게 썩은 줄"이라는 구절과 "쓰레기 다 받아서/ 무덤이 되었는데"라는 구절 속에 표현되어 있다. 바다는 세상의 온갖 오물과 쓰레기를 받아 안아서 그것을 정화시키는 작용을 하면서 자신은 온몸이 만신창이가 된다는 점에서 자기희생의 표상인 성자의 면모를 지니고 있는데, '무덤'이라는 표현 속에 그러한 속성이 응축되어 있다. 바다의 은유인 무덤에는 살신성인殺身成仁의 함축적 의미가 담겨 있기 때문이다.

2. 제2의 자연, 어머니와 아버지

우주 만물의 섭리와 이치를 담고 있는 자연, 그리고 성스러운 사랑의 표상인 자연에 대한 윤정란 시인의 시적 표현이 얼마나 절묘하고 오묘한지를 살펴보았다. 요컨대 시인에게 자연이란 우주 만물의 이치와 함께 바람직한 삶을 위한 도덕적 척도를 지니고 있는 대상이기도 하고, 무조건적이고 무한한 사랑을 체현하고 있는 상징물이기도 했다. 그것은 상징의 숲으로서 인간에게 수시로 진리와 아름다움에 대한 메시지를 전하고 있는데, 그러한 자연의 이치와 사랑을 실현하고 있는 존재가 바로 어머니와 아버지라고 할 수 있다. 그러나 어머니와 아버지는 무한한 자연에 비해서 초라한 유한한 존재이기에 불완전한데, 그러하기에 부모는 자신들에게 더욱 안타깝고 감동적인 존재로 다가온다.

어머니 호미 들고 비탈밭에 넘어져도

천둥벌거숭이 내가 하늘 훨훨 날도록

새하얀 머리올 엮어 날개옷을 만든다
—〈모정〉 전문

진달래꽃 꽂아 온
나무 지게 하나

버림받고
잊혀진
헛간에서 말을 잃고

거미줄
먼지 속에서
삭아가네

아버지

—〈나무 지게〉 전문

　〈모정〉에서 그리는 어머니의 한없는 사랑은 앞서 분석한 자연의 그것과 닮았다. 이 시조는 어머니와 나의 대립적인 구도로 되어 있는데, "비탈밭"과 "하늘"이라는 지위, 그리고 "넘어져도"와 "훨훨 날도록"이라고 표현된 속성, 그리고 "새하얀 머리올"과 "날개옷"의 대비가 그것이다. 어머니와 나는 지상의 험난한 밭뙈기와 하늘, 추락과 비상이라는 대비적 구도를 지니고 있으며, 이러한 대비적인 구도를 어머니가 자초했다는 데에 위대함이 있다. "새하얀 머리올"이라는 표현에 응축되어 있는 것처럼 어머니는 자식의 비상을 위해서 온갖 노고와 희생을 감내하고 있는 것이다.

　〈나무 지게〉에서 형상화된 아버지 또한 다르지 않다. 아버지라는 존재는 "버림받고/ 잊혀진/ 헛간"과 처지가 다르지 않은데, 그것은 "거미줄/ 먼지 속에서/ 삭아가"고 있기 때문이다. 아버지가 이처럼 잊히고 삭아가는 것은 '나무 지게'에 내포되어 있는 노동과 희생의 대가로 인해서 연로해졌기 때문이다. 아버지는 "진달래꽃 꽂아 온/ 나무 지게"로서 젊은 혈기로 가득 찬 낭만적인 청춘 시절을 가족들을 위해 희생하고서 이제는 헛간의 나무 지게로 전락하여 삭아가고 있는 것이다. 헛간의 나무 지게가 자신의 소임을 다하고 삭아가는 모습에서 어떤 성스러움을 느낄 수 있다면 그것은 앞서 분석한 자연의 그것처럼 살신성인의 어떤 표상처럼 다가오기 때문일 것이다. 희생과 헌신의 상징인 어머니와 아버지는 자연의 무한한 사랑의 표상이기는 하지만 인간이라는 점에서 비탈밭에 넘어지고 헛간에서 삭아가는 운명을 피할 수 없으며, 그러한 면모는 시인에게 한없이 유정한 것으로 다가온다.

> 가든지 오든지 내사마 모르겠다
>
> 모란이 환한 마당 찾는 이 하나 없이
>
> 요양원 훌쩍 넘어온 오월이 눈물짓네
> ―〈빈집〉 전문

> 등골 뼛골 다 줘도 부족한 어미였나
>
> 날마다 넘어져도 구불텅 일어나서

요양원 담장 밖으로 날아가는 눈먼 새

—〈할미꽃〉 전문

　〈빈집〉에서 '빈집'은 물론 홀로 지내시던 어머니가 부재하는 빈집으로 볼 수 있는데, "요양원"이라는 시어가 그러한 사실을 암시하고 있다. "모란이 환한 마당"에 "찾는 이 하나 없"는 현실이 어머니의 내면 풍경을 대변하고 있으며, 혼자서 환한 봄날을 지냈을 그 여생의 쓸쓸함을 암시하고 있기도 하다. 특히 "요양원 훌쩍 넘어온 오월이 눈물짓네"라는 표현이 절묘한데, 눈물짓는 것은 '오월'이지만, 실상은 어머니이기 때문이며, 요양원을 훌쩍 넘어온 것은 역시 '오월'이지만, 기실은 어머니의 마음일 것이기 때문이다. 그러니까 어머니는 모란 저 혼자서 피었다 지는 빈집이 궁금하고 안타까워서 상상 속에서나마 빈집을 들락거리고 있는 셈인데, 이처럼 어머니가 처한 상황과 그 내면 심리가 독자들에게 커다란 울림을 준다.

　〈할미꽃〉이라는 작품도 유사한 구조를 지니고 있는데, "요양원 담장 밖으로 날아가는 눈먼 새"라는 표현이 절묘하다. 시적 구도는 "등골 뼛골" 다 빼줘도 부족해서 "날마다 넘어져도" 다시 일어나서 요양원 밖에 있는 어떤 그리운 존재들(아마도 그 구체적인 대상은 자식들일 것이다)를 향해 상상적 비상을 감행한다는 것이다. 아낌없이 주는 나무와 같은 일생을 사셨고, 이제 기력이 쇠해서 '할미꽃'처럼 구부러진 어머니가 요양원으로 거처를 옮겼음에도 불구하고 요양원 밖을 걱정한다는 시적 구도에서 우리는 성자와 같은 어머니의 사랑을 확인하면서 동시에 인간으로서의 비애와 연민을 느낄 수 있다. 특히 시인이 구사한 "눈먼 새"라는 은유는 심금을 울리는데, 이러한 표현 속에는 어머니의 맹목적인 무한한 사랑과 함께 요양원에 갇힌 무력한 처지가 환기되기 때문이다. 이처럼 어머니는 시인이 자연에서 발견한 성자의 사랑과 유사한 사랑을 베푸는 존재로서 수용되는데, 여러 작품들에서 그러한 생각을 읽을 수 있다.

    그 울음을 닦는데
    그 울음이 들린다

    더께 낀 삶의 무늬
    속말 속살 사르고

    젖가슴 쭈글거리는

늙은 어미 보인다

—〈냄비〉 전문

그땐 모두가 부러워한 줄 몰랐네

새끼 올망졸망
마른 젖 물려놓고

모퉁이
등불을 들고
길이 되는 어머니

—〈민들레〉 전문

 두 작품 모두 어머니의 헌신적인 사랑을 다루고 있다. 〈냄비〉는 그야말로 불에 달궈지고 때에 절어 찌그러진 모습으로서 한평생 그처럼 시달린 어머니의 모습을 대변하고 있다. "그을음"이라든가 "더께 낀 삶의 무늬" 등의 표현들이 삶의 신산한 노동과 노심초사로 인해서 멍들고 병들었을 어머니의 일생을 떠올리게 한다. 특히 "속말 속살 사르고"라든가 "젖가슴 쭈글거리는/ 늙은 어미"라는 표현은 안으로 애태우며 일생을 살아온 모습이라든가 자식들을 위해서 먹이고 입히느라 쪼그라든 육신을 떠올리게 하는데, 이러한 모습 역시 제2의 자연으로서 무한한 성자적 사랑을 연상시킨다.

〈민들레〉라는 작품 역시 어머니의 무한한 사랑을 노래하고 있는데, "새끼 올망졸망/ 마른 젖 물려 놓고"라는 표현이 생명을 잉태하고 기르는 모성으로서의 어머니의 면모를 드러내고 있다. 하지만 이 작품에서 주목되는 표현은 "모퉁이/ 등불을 들고/ 길이 되는 어머니"라는 표현이다. 이러한 표현에는 어머니란 존재는 사람들이 살아갈 길을 밝혀주는 존재라는 생각과 함께, 또한 사람들이 걸어갈 '길' 자체가 된다는 생각이 함축되어 있다. 어머니에게서 등불이라든가 가야 될 길을 발견한다는 것은 곧 어머니가 시인에게 도덕적 척도가 된다는 것이며, 이러한 발상은 지금까지 우리가 읽어온 것처럼 바로 어머니가 자연 그 자체가 된다는 것이다. 우주 만물의 섭리와 이치를 내포하고 있고, 성자로서의 무한한 사랑을 함축하고 있는 그러한 자연으로서 어머니는 제2의 자연이 되는 셈이다.

3. 인간 세상, 자연을 훼손하는

자연과 제2의 자연으로서 어머니와 아버지가 신성한 가치를 지닌 대상이라면 그것을 훼손하는 것으로 보이는 인간 세상, 곧 속세로서의 사회는 타락한 것으로 인식된다. 그렇기 때문에 윤정란 시인이 시적 제재로서 사회를 다룰 때 그것은 풍자의 대상이 된다. 물론 풍자의 대상으로서 사회가 비판될 때 비판의 준거로서의 자연의 섭리와 이치가 작용하고 있는데, 이러한 점에서도 자연은 시인에게 바람직한 도덕과 정의의 척도가 되기도 하는 셈이다.

   세상이 떠받드는 저 높은 제단도

   돈 권력 팬덤 앞에 개처럼 엎드리다

   초고속 정보에 묻혀 속수무책 무너지네
              ―〈제단〉 전문

   누굴 또 벨지 모르는 말이 칼이네

나서서 나대지 말자 날마다 달랬어도

베이고 베어버리다 목을 꺾는 날선 말

—⟨말⟩ 전문

　"제단"이란 물론 제사를 지내는 단으로서 제물을 올려 놓는 신성한 공간으로 인식된다. 따라서 제단이란 종교적 차원의 성스러운 공간으로 인식되며, 의례ritual와 같은 숭고한 행사가 이루어지는 영역으로 간주된다. 그런데 ⟨제단⟩이라는 시에서 이처럼 신성하고 숭고한 영역이 세속적인 가치에 종속되는 것으로 풍자된다. "돈 권력 팬덤 앞에 개처럼 엎드리다/ 초고속 정보에 묻혀 속수무책 무너지네"라는 구절이 성스러운 제단의 붕괴와 타락의 모습을 보여준다. 돈과 권력이라는 세속적 힘에 의해서, 그리고 인기를 추구하는 인간과 집단을 추종하는 무리에게 굴종적 태도를 보이는 제단을 통해서 시인은 성스러운 가치의 타락과 오염을 비판하고 있는 셈이다. 특히 "초고속 정보에 묻혀 속수무책 무너지네"라는 대목을 보면, 정보화 사회에 새로운 물신으로 떠오른 챗GPT 등의 인공지능과 같은 '초고속 정보'의 산물이 신성한 가치를 대신하고 있는 현실을 고발하고 있다.

〈말〉이라는 작품 역시 우리 사회의 부조리를 고발하고 있는데, "누굴 또 벨지 모르는 말이 칼이네"라는 표현을 우리 사회를 지배하는 언론의 폭력, 혹은 악플과 같은 커뮤니케이션의 어두운 그늘을 환기한다. 말이 하나의 무기가 되어 서로를 베고 베이는 전쟁터와 같이 변한 우리 사회의 폭력적 상황을 고발하고 있는 것이다. 시인은 "베이고 베어버리다 목을 꺾는 날선 말"이라는 표현을 통해서 그러한 언어의 폭력은 결국 자폭과 자멸의 길을 걸을 수밖에 없음을 경고한다. 시인은 말을 다루는 사람이기에 언어에 대해서 민감할 수밖에 없을 터인데, 언어의 관점에서 사회적 소통의 문제를 다룬 작품들이 특히 눈에 띈다.

　　　가는 너 가게 두고 남는 나 너 보듯이

　　　소통이 안 되는데 다툰다고 다를 거냐

　　　피맺힌 길이 되자고 바람 손을 잡으랴
　　　　　　　　　　　　　　—〈불통〉 전문

말하고 말을 해도 수만 입이 모자란데

듣고 또 들어 줄 귀도 하나 없으니

세상이 끓어넘치는 안갯속의 물보라
―〈야단법석〉 전문

　〈불통〉이란 작품은 타자들과 소통하지 못하고 고독한 존재로 남게 되는 현대인의 비애를 다루고 있다. "가는 너 가게 두고 남는 나 너 보듯이"라는 표현이 소통의 실패로 인해서 물과 기름처럼 섞이지 못하고 고립되고 마는 현대인의 소외와 좌절을 암시하고 있으며, "피맺힌 길이 되자고 바람 손을 잡으랴"라는 표현은 갈등과 긴장을 피하기 위해 애써 외면하면서 모래알처럼 고독하게 살아가는 현대인들의 내면 풍경을 시사하고 있다. 우리 사회는 더불어 살아가는 마당이라는 '사회'의 의미를 상실하고 있음을 고발하고 있는데, 이러한 비판의 이면에는 유기적인 관계를 이루며 생명의 씨줄과 날줄을 엮어가는 자연의 이치에 대한 향수가 배어 있다.
　〈야단법석〉은 이러한 불통의 사회에 대한 원인을 진단하고 있는 작품인데, 결론은 말하는 사람만 많고 들는 사람은 없다는 것이다. 이 작품에는 말하는 "수만 입"과 "하나 없"는 "들어 줄 귀"가 대비를 이루고 있는데, 이러한 시적 구도는 자신의 주장만 내세우는 사람들로 넘쳐나는 우리 사회의 현실을 고발한다. 자신의 주장만 밖으로 표출하고, 그것을 거두어들이는 주체들은 없기에 세상은 욕망의 분출로 들끓을 수밖에 없는데, 시인은 이러한 현실을 "세상이 끓어넘치는 안갯속의 물보라"로 비유하고 있다. 시인은 이 대목에서 절묘한 비유의 힘을 다시금 보여주고 있거니와 안갯속의 물보라와 같이 시야가 불투명해서 갈 바를 알 수 없는 혼란한 상황에 대해서 명증한 심상을 통해 보여주고 있다. 시인이 이처럼 혼탁한 세상을 살아가는 방법은 시를 쓰는 일이다.

    종심이 되었는데 밀려난 중심에서

    사는 게 불쑥불쑥 욕지기 올라올 때

    입술에 침을 바른다 녹슨 펜을 닦는다
                               —〈침 발라 놓고〉 전문

공자는 나이 70이 되었다면 '종심소욕불유구從心所欲不踰矩'라고 해서 자신이 하고자 하는 욕망을 따르더라도 세상의 법도에 어긋나지 않을 경지에 도달한다고 했다. 하지만 시인은 수시로 세상의 중심으로부터 토할 듯한 메슥메슥한 느낌을 받으며 환멸을 느끼는데, 이는 세상의 혼탁함 때문이다. 이럴 때 시인은 "녹슨 펜을 닦는다"고 한다. '녹슨 펜을 닦는' 행위에는 물론 수양을 통해서 자신의 마음을 청정하게 하고자 하는 의도도 담겨 있지만, 세상의 혼탁함을 물리치고 청정무구의 세상을 이루고자 하는 마음도 담겨 있다. 그러니까 시조란 시인에게 수양의 방법이면서 세상을 혼탁함에서 정화하는 수단이기도 한 셈인데, 시조가 이처럼 중대한 영역이기에 시인은 시로 쓴 시론이라고 할 수 있는 메타-시조를 여러 편 남기고 있다. 마지막으로 시인에게 시조란 어떤 것인지 살펴보자.

4. 시조의 숲, 혹은 시조의 길

잡초를 뽑은 뒤에 나는 다시 별을 본다

울음소리 듣다가 비로소 만난 문장

마음이 통하는 노래가 풀어내는 향기다

―〈시〉 전문

이번 생은 호미로
시조탑 세워야지

비좁고 남루해도
맑은 혼이 깃들어

조금만 문을 열어도
세상 환히 웃는 꽃

―〈시조탑〉 전문

　〈시〉라든가 〈시조탑〉이라는 작품들은 모두 자신의 창작 행위에 깃들어 있는 의미와 지향점을 담고 있다. 〈시〉에서는 시인의 특징이라고 할 수 있는 대비적 구도가 다시금 나타나는데, '잡초'와 '별'의 대비가 바로 그것이다. 잡초가 뽑아내야 할 것으로서 혼탁과 무질서를 표상하고 있다면 별은 우러러봐야 할 것으로서 이상과 지향점을 대변한다. 시인은 "울음소리를 듣다가" 별을 노래하는 시로서의 "문장"을 만나게 되는데, 이를 "마음이 통하는 노래가 풀어내는 향기"로 비유한다. 별을 노래하는 문장, 혹은 마음이 통하는 노래의 향기란 곧 자신이 추구하는 시를 지칭할 텐데, 그것을 '울음소리를 듣다가' 만나는 것으로 설정하고 있는 의도가 주목된다. 아마도 시인이 지향하는 별과 같은 시란 어둠을 밝히는 빛으로서, 세상의 온갖 "울음소리"에 응답하는 공감과 연민의 소산임을 강조하고자 한 것을 아닐까?

〈시조탑〉 역시 자신이 지향하는 시조의 속성을 그리고 있다. 자신의 시조탑은 호미로 세워야 한다는 것, 그래서 그 탑은 "비좁고 남루해도 맑은 혼이 깃들" 수 있다는 것, 그리하여 자신이 세운 시조탑은 세상을 환히 밝힐 수 있는 등불과 같은 역할을 할 것이라는 포부가 담담하게 토로되고 있다. 시조탑을 호미로 세운다는 것은 시조를 창작하는 행위가 농사일을 하는 것처럼 대자연의 섭리에 참여한다는 것을 의미하며, 그러하기에 거기에는 맑은 혼이 깃들 수 있을 것이다. 그리고 뭇 생명을 기르고 돌보는 농사일과 같은 것이 시 쓰는 일이기에 시인이 쓴 시조는 세상이 환히 웃을 수 있는 공감과 생명력을 지닐 수 있을 것이다. 그래서 시인에서 시조 창작이란 소박하지만 거창한 작업이 아닐 수 없다.

녹이 슨 펜을 들고 온종일 바람 불어

웃자란 생각들을 허공에 던져 놓고

복사꽃 꽃잎 나르듯 햇빛 속에 눈먼다
—〈봄 한때〉 전문

벙어리 겨울이다 벽이 없는 벽이다

언어의 늪에 빠진 시어를 찾아내듯

오늘도 미늘을 던져 별을 낚는 중이다
—〈침묵〉 전문

  인용한 두 작품 역시 시조 창작의 과정을 시화하고 있다. 〈봄 한때〉라는 작품은 생명력의 발산으로 충만한 봄날에 "웃자란 생각들"을 가지 쳐내듯 잘라내고 봄날의 환한 "햇빛 속"으로 망명하여 "녹이 슨 펜"을 정화시키고자 하는 열망을 드러내고 있다. 웃자란 생각이란 허튼 생각으로 자연의 순리를 거스르는 인위적 욕망의 영역을 환기한다. 시인은 그러한 허튼 생각에서 해방되어 "복사꽃 꽃잎 나르듯"이 햇빛 속으로 스며들고 싶다고 고백한다. "복사꽃 꽃잎 나"른다는 발상과 표현이 예사롭지 않다. 이러한 표현 속에는 복숭아나무가 복사꽃을 한잎 두잎 생성하는 섬세한 과정, 혹은 복사꽃의 꽃잎을 한잎 두잎 지상으로 떨어뜨리는 낙화의 과정이 암시되어 있는데, 어떤 과정이든 그것은 봄날을 지배하는 조화옹의 이치를 함축하고 있다.

〈침묵〉이란 작품에서 '침묵'이란 말 없음의 말, 혹은 묵언默言으로서의 여백을 지향하는 시조라고 할 수 있는데, 이렇게 보면 "벙어리 겨울"이란 표현에서 우리는 절제되어 담백한 시조의 특성을 연상할 수 있고, "벽이 없는 벽"이라는 표현에서 우리는 침묵으로 말하려는 시조의 역설적 성격을 짐작할 수 있다. "언어의 늪에 빠진 시어를 찾아"내려는 시인의 모습에서 우리는 꼭 필요한 말만을 살려내고 군더더기를 잘라내려는 시조의 압축과 절제의 미학을 연상할 수 있으며, "미늘을 던져 별을 낚"으려는 시인의 의도에서 우리는 시안詩眼을 통해 응축의 효과를 극대화하려는 의도를 읽어낼 수 있다. 물론 시인이 낚으려고 하는 '별'은 앞서 분석한 잡초와 대비되는 이상향으로서의 동경의 대상이기도 하다. 이렇게 볼 때 시인에게 시조란 세상의 상식과 혼란에서 벗어나 삶의 정수를 찾아가는 어떤 구도의 과정이기도 한 셈이다. 다음 작품들은 시인이 시조 창작을 통해서 도달하고자 하는 구도의 모습과 그 지향점을 보여준다.

속진을 확 벗기는 차 한 잔이 그립다

초록 별이 내려와 눈 맑은 길을 가듯

잊고 산 영혼의 세계 한겹 한겹 열어 줄
—〈눈 맑은 길을 가듯〉 전문

살과 피 다 말리고
뼈대만 곧게 세워

부패한 몸 안으로
일제히 파고든다

욕망을 태우는 불꽃
사랑이다
혼이다
—〈소금〉 전문

"속진을 확 벗기는 차 한 잔"이란 물론 시인의 정신을 맑게 할 대상이자 어떤 계기를 지칭하고 있는데, 시인에게 그것은 자신이 써낸 득의의 시조 작품 한 편일 수도 있다. 그것은 자신이 도달하고자 했던 맑게 빛나는 "초록 별"과 같은 것으로서 세상을 보는 눈을 맑게 해줄 기제이기도 한데, 그것이 중요한 것은 "잊고 산 영혼의 세계"를 열어서 새롭게 보여줄 것이기 때문이다. 그러니까 자신이 쓴 시조 한 편은 "초록 별"과 같이 세상을 밝혀줄 뿐만 아니라 자신의 영혼을 정화하고 구제할 수 있는 구원이 될 수도 있는 것이다. 그것은 다음 작품인 '소금'이 하는 역할이기도 하다.

 작품 〈소금〉은 시인이 추구하는 시조 작품의 역능을 이상적으로 그리고 있다. 단적으로 시인은 자신이 쓰는 시조 작품이 세상의 소금과 같은 역할을 할 수 있기를 기원하고 있는 셈인데, 소금이 하는 역할이란 "욕망을 태우는 불꽃"이라는 표현 속에 응축되어 있다. 그러니까 시인은 자신이 쓴 시조 작품들이 세상의 소금처럼 "부패한 몸 안으로" 파고들어 그것을 정화하고, 그리고 "살과 피 다 말리고/ 뼈대만 곧게 세"우듯이 모든 세속적 욕망과 집착을 정화하여 맑은 영혼만을 드러내기를 소망하는 것이다. 시인은 그러한 역능을 발휘하는 시조가 "사랑"이자 "혼"이라고 비유하는데, 이러한 비유 속에는 시인이 추구하는 시적 가치와 염원이 담겨 있다. 그것은 앞서 분석한 자연과 제2의 자연으로서의 어머니와 아버지가 체현하고 있었던 사랑과 순명, 혹은 섭리와 이치에 부합하고자 하는 열망이라고 할 수 있다.

지금까지 윤정란 시인의 그윽하고 웅숭깊은 단시조의 미학을 살펴보았다. 비약과 생략, 절묘한 비유와 암시를 통해서 압축과 절제, 응축과 여운의 단시조 형식을 달관의 경지로 끌어올리고 있는 모습을 확인할 수 있었다. 특히 자연과 더불어 살면서 농사를 짓는 시인의 일상을 반영하는 농경적 상상력은 전통적인 자연의 의미와 가치를 복원하고 있었는데, 이러한 자연의 섭리에 대한 탐구가 전혀 낡거나 진부하게 느껴지지 않는 것은 그러한 사유가 구체적 삶의 현장을 반영하고 있기 때문일 것이다. 또한 시인의 이러한 농경적 상상력에 의한 자연의 탐구는 '오래된 미래'라는 차원에서 더불어 살아가는 공동체적 가치와 성스러운 의미의 영역을 상기시킨다는 점에서도 의의를 찾을 수 있을 것이다.

경남대표시인선 · 57

눈 맑은 길을 가듯
윤정란 단시조집

펴낸날   2024년 10월 30일

지은이   윤 정 란
펴낸이   오 하 룡
펴낸곳   도서출판 경남

주소   창원시 마산합포구 몽고정길 2-1
연락처   (055)245-8818, fax.(055)223-4343
블로그   gnbook.tistory.com
이메일   gnbook@empas.com
등록   제1985-100001호(1985. 5. 6.)
편집팀   오태민 | 심경애 | 구도희

ISBN   979-11-6746-155-1-03810

ⓒ윤정란

* 이 책은 ❒ **경남문화예술진흥원**의 문화예술지원을 보조받아 발간되었습니다.
* 잘못된 책은 바꿔 드립니다.
* 저자와 협의 인지 생략합니다.

〔값 10,000원〕